D1700006

Eckhard Oberdörfer (Text)
Peter Binder (Fotos)

Auferstanden aus Ruinen

Bildnachweis

Stadtarchiv Greifswald: 50 oben
Stadtbauamt, Abt. Stadtentwicklung, Untere Denkmalschutzbehörde: 50 unten
Faschingsclub Kernenergie Greifswald: 84, 85
Gernoth Krüger: 24, 30, 34, 36, 40, 42, 48, 90 oben
Christian Kruse: 106 unten
Eckhard Oberdörfer: 57, 108 oben
Torsten Rütz: 54
Eberhard Ziele: 108 unten

alle anderen Bilder: Peter Binder

Impressum:

ISBN: 978-3-9810686-8-9
© 2011 by Sardellus Verlagsgesellschaft, Greifswald, Neuer Brinkhof 22, D-17489 Greifswald
2. Auflage

Telefon: 03834 / 514713
e-Mail: info@sardellus.de

Alle Rechte vorbehalten. Kein Teil dieses Werkes darf in irgendeiner Form ohne schriftliche Genehmigung des Verlages reproduziert werden.

Umschlaggestaltung und Layout: Heike Oberdörfer, Greifswald
Druck: Druckhaus Köthen

Eckhard Oberdörfer (Text)
Peter Binder (Fotos)

Auferstanden aus Ruinen
Greifswald 20 Jahre nach der Wende

Sardellus Verlagsgesellschaft 2011
2. Auflage

Nach einem Friedensgebet im Dom St. Nikolai führte am 18. Oktober 1989 eine Demonstration durch Greifswald. Es war die erste derartige Kundgebung im seinerzeitigen Bezirk Rostock, weitere folgten.

Große Symbolkraft besaßen die Lichterketten. Tausende zündeten Kerzen an, um für Reformen und eine friedliche Erneuerung zu demonstrieren.

Die am 9. November erlangte Reisefreiheit führte auch in Greifswald ab dem 10. November zu langen Schlangen vor den Polizeidienststellen. Noch waren Ausreisevisa, die aber recht problemlos erteilt wurden, zumindest theoretisch erforderlich. Erst ab dem 1. Februar 1990 benötigten Passinhaber kein Visum zur Ausreise mehr. Wer nur einen Personalausweis hatte, brauchte noch bis zum 1. Juli einen Stempel für Reisen in den Westen.

Der Auftritt von Willy Brandt zwei Tage vor der Abstimmung über die erste frei gewählte Volkskammer am 18. März 1990 war ein Höhepunkt des Wahlkampfes in Greifswald.
Nach dem Zeugnis eines Parteifreundes riet bei dieser Veranstaltung am 16. März auf dem Markt ein Genosse dem SPD-Spitzenkandidaten Ibrahim Böhme (rechts), wegen dessen Stasi-Verstrickungen zurückzutreten.

Bis zum 29. Dezember 1989 bekamen DDR-Bürger in der Bundesrepublik 100 DM Begrüßungsgeld. Ab Januar 1990 konnten aus dem gemeinsamen Devisenfonds 100 Mark der DDR im Verhältnis 1:1 und weitere 100 Mark im Verhältnis 1:5 getauscht werden. Wieder übten sich die Greifswalder im Anstehen.

Die neue Konsumwelt zog auch in die alten Kaufhallen ein. Der erste Aldi-Markt wurde in der früheren Kaufhalle „8. Mai" in Schönwalde I eröffnet.

Einer der schönsten Marktplätze Norddeutschlands, eine großartige Innenstadt, der größte Museumshafen Deutschlands. Greifswald bekommt in den letzten Jahren viele Komplimente. Ausdruck einer Auferstehung aus Ruinen in zwei Jahrzehnten. Ruinen, die wir Greifswalder vielfach gar nicht mehr wirklich wahrgenommen haben. Erst der Blick auf alte Fotos verdeutlicht, wie schlimm es an vielen Stellen aussah. Einzelne Sanierungsmaßnahmen, Nutznießer waren beispielsweise das Rathaus und das Universitätshauptgebäude, können diese Einschätzung nicht widerlegen.

Die Ausgangslage im Wendejahr war verheerend. Freiflächen, Ruinen, Schüsseln für Regenwasser unter undichten Dächern - das war Normalität in großen Teilen der Greifswalder Innenstadt am Ende der 1980er Jahre. Im Norden des Marktes standen nur noch die Fassaden. „In Greifswald weint man zwei Mal, wenn man kommt und wenn man geht." Diesen dem zu Kaisers Zeiten wirkenden Pharmakologieprofessor Hugo Schulz zugeschriebenen Satz ergänzten Zeitgenossen um einen dritten Tränenfluss „wenn man wiederkommt". Bei der Immatrikulationsfeier der neuen Studenten im Oktober 2009 schlug der Präsident der Fördergesellschaft der Universität, Sebastian Ratjen, vor, künftig nur noch einmal zu weinen: wenn man geht. So gut hat sich seiner Ansicht nach die Stadt entwickelt.

Vor 40 Jahren war Greifswald, das den Zweiten Weltkrieg unzerstört überstanden hatte, noch völlig intakt. Allerdings war die jahrzehntelange Vernachlässigung historischer Bausubstanz bereits deutlich sichtbar. Baukapazitäten und Material fehlten, Vermietung lohnte sich wegen der staatlichen Preisvorgaben finanziell überhaupt nicht. Diese Probleme bestanden überall in der DDR. Dazu kam in Greifswald der hohe Wohnungsbedarf als Folge der Industrialisierungspolitik für den Nordosten. Kernkraft- und Nachrichtenelektronikwerk wurden angesiedelt. Die Mitarbeiter wohnten in ihrer ganz großen Mehrheit in der Stadt am Ryck. 1969 nahm das Greifswalder Plattenwerk die Produktion auf. Perspektivisch sollten 120.000 Menschen in der Hansestadt leben.

Neubaugebiete im Osten bzw. Südosten entstanden, doch reichten die dort entstehenden Wohnungen nicht aus, um den Bedarf zu befriedigen. Die Altstadt sollte zentraler Ort der Versorgung und Dienstleistung bleiben. 1968 wurde ein Wettbewerb zur „sozialistischen Umgestaltung" des historischen Greifswalder Stadtkerns ausgeschrieben. Die 1969 prämierten Entwürfe sahen den Ausweg aus der Misere in einer radikalen Umgestaltung, Ideen waren Punkthochhäuser am Ryck, der Bau einer Kongresshalle in der Mitte der Stadt und die Aufwertung des Platzes der Freiheit zu einem neuen Zentrum. Ein Centrum-Warenhaus, ein Reise- und ein Interhotel waren Teil der Planungen. Die Kirchen hätten ihre dominierende Rolle in der Stadtsilhouette verloren. Zur Umsetzung der Planungen ist es – zum Glück – nicht gekommen.

Solche Umgestaltungsvorhaben sind keineswegs DDR-typisch. Auch in der Bundesrepublik wurden seinerzeit viele Innenstädte radikal umgestaltet. Da es hier keine Material- und Baukapazitätsprobleme gab wurde so manche Stadt völlig verändert.

In der DDR setzte vor vier Jahrzehnten ein Umdenken ein. Der VIII. Parteitag der SED 1971 erhob einen rücksichtsvolleren Umgang mit gewachsenen Strukturen zum allgemeinen Grundsatz. Schon ab 1970 befasste sich die Bauakademie, die zentrale wissenschaftliche Einrichtung für Architektur und Bauwesen der DDR, mit der Neugestaltung Greifswalds. Gemeinsam mit Gotha und Bernau wurde der Ort Modellstadt. Seit 1969 gab es in Greifswald mit Frank Mohr einen Stadtarchitekten. Drei Jahre später fand die Konzeption für die Generalbebauungsplanung 1976 bis 1990, dem Jahr, in dem das Wohnungsbauprogramm der SED vollendet sein sollte, die Anerkennung der Sektion Städtebau der Bauakademie. Neben der Erhaltung von vergleichsweise wenigen Häusern sollten als nicht mehr sanierungsfähig eingeschätzte Gebäude durch maßstabsgerechte Plattenbauten ersetzt werden. Der Anspruch war hoch: Im Generalbebauungsplan von 1974 wurde als Ziel formuliert, dass das Projekt einen Beitrag leistet, „dass die Stadt als Lebenswelt und Heimat der Menschen die Entwicklung der sozialistischen Lebensweise, des Schöpfertums und die Lebensfreude aktiv fördert und als gesellschaftliches Zentrum die Arbeits- und Lebensbedingungen im Territorium verbessert". 1981 erhielt die auf der Basis eines Wettbewerbs gefundene Greifswalder Architekturlösung einen Nationalpreis III. Klasse. Das im gleichen Jahr „vollendete" erste Umgestaltungsgebiet U I umfasste den Bereich zwischen Hansering, Schuhhagen, Bach- und Brüggstraße. Um die Planungen umsetzen zu können, wurden 82 private Parzellen, das entsprach etwa 70 Prozent des Gesamtbestandes, in Volkseigentum überführt. Nur 34 erhaltenswerte Gebäude gab es nach den damaligen Vorstellungen. Die Bebauung nördlich der Roßmühlenstraße wurde für die Schaffung von Parkraum beseitigt. So wurde aus der Roßmühlenstraße, die zuvor eine schmale Gasse war, die Stadtkante. Nur die Fischfabrik blieb zunächst noch stehen.

In den sechs Quartieren wurden 270 Wohnungen geopfert, 320 neu gebaut, 50 bis 60 modernisiert. Die vorgesehene Rekonstruktion einzelner Gebäude wie der Kammerlichtspiele in der Knopfstraße und des Ostsee-Drucks (heute Gebäude der Ostsee-Zeitung) ist bis zum Untergang der DDR nicht erfolgt.

Auch ca. 30 Denkmale fielen dem Abrissbagger zum Opfer, die wertvolle Bausubstanz wurde vorher nicht einmal dokumentiert. Stadtarchivar Uwe Kiel kennzeichnete rückblickend den Abriss als „Verschwinden der Stadt als historische Quelle".

Dabei war die Denkmalliste vergleichsweise kurz. Der Reichtum der Architektur und Ausstattung, der sich hinter so mancher einfachen Fassade befand, wurde erst nach der Wende sichtbar. Zu den Totalverlusten gehörte sogar das gotische Haus Rakower Straße 10. Es wurde 1980 abgerissen, die Mauersteine „entsorgt". Der geplante Wiederaufbau, die Rekonstruktion bis 1984, wurde nicht realisiert. Nur ein Beispiel für die Realität des Umgangs mit Denkmalen, in diesem Fall außerhalb des Umgestaltungsgebietes I.

U I gilt heute trotz aller berechtigten Kritik wegen einer teilweisen Bewahrung der historischen Maßstäbe in der neuen Plattenarchitektur und auch der Wiederverwendung alter Ausstattungsstücke wie Türen und Straßenschildern noch als vergleichsweise gelungen. Greifswald wird in der Rückschau positiver bewertet als die anderen Modellstädte Bernau und Gotha.

Es gab durchaus interessante Lösungen. Nach dem Urteil des Berliner Architekturhistorikers Ulrich Hartung gehört die Knopfstraße dank „fast raffinierten Einsatzes von Gebäudeplastik zum Besten, was in der DDR-Architektur entstanden ist". Neu waren auch der Einbau von Läden in Eckbauten der Knopfstraße und die Errichtung eines Geschäftshauses zwischen Markt und den zur Stadtbibliothek umgebauten Bürgerhäusern. Eine Kaufhalle für Waren des täglichen Bedarfs und ein Geschäft für Jugendmode zogen ein. Der gezeigte „Respekt vor historisch entstandenen Bau- und Raumstrukturen wurde zum ersten Mal in der Geschichte des industriellen Bauens in greifbare Wirklichkeit umgesetzt", so Hartung weiter. Bei aller berechtigten Kritik an Abriss und geringem Respekt vor Denkmalen darf auch nicht vergessen werden, dass sich für viele Greifswalder der Wohnkomfort deutlich erhöhte.

In den 1980er Jahren verschärften sich allerdings die wirtschaftlichen Probleme der DDR. Gleichzeitig hielt die Staatsführung an ihrem Ziel, das Wohnungsproblem bis 1990 zu lösen, fest. 1988 waren noch 4500 Wohnungssuchende in Greifswald registriert. So wuchsen die Neubaugebiete vor den Toren der Stadt, in Verkaufs- und Kultureinrichtungen wurde hier jetzt noch weniger als am Anfang investiert, die Bebauung verdichtet. Die Gestaltungsspielräume für die Architekten verringerten sich. Das trifft auch auf die Neubaugebiete zu. Die nicht vollständig umgesetzten Planungen für den ersten neuen Stadtteil Schönwalde I waren recht großzügig. Beim letzten noch vollendeten DDR-Stadtteil Ostseeviertel Parkseite wurden die Flächen maximal ausgelastet. In der Altstadt frei gezogene Häuser verfielen zur gleichen Zeit weiter. Die Umgestaltung entwickelte sich zum Flächenabriss ganzer Quartiere. Erst 1985 begannen die Arbeiten für den zweiten Bereich zwischen Brügg-, Loeffler-, Schützen- und Roßmühlenstraße (U II). Greifswald großer Sohn Wolfgang Koeppen meinte im gleichen Jahr: „…und jetzt sind alle Häuser im Verfall. Dieser Verfall macht die Stadt noch grauer und enger… Diese Stadt ist aufgegeben."

Ende der 1980er Jahre gab es Planungen für eine radikale Umgestaltung der Fleischervorstadt. Punkthäuser sollten entstehen, zum Teil breitere Straßen geschaffen werden. Denkmalpfleger sprachen angesichts der Pläne von einer Vernichtung der Fleischervorstadt als gewachsene städtebauliche Einheit. Auch diese Vorstellungen wurden glücklicherweise nicht verwirklicht.

1987 begann die Umsetzung der Planungen für das weit größere dritte Umgestaltungsgebiet der Innenstadt, das fast den gesamten westlichen Teil der mittelalterlichen Kernstadt umfasste. Die Lange Straße, damals Straße der Freundschaft, wurde zwischen Kapaunen- und Rotgerberstraße noch im Sommer des Wendejahres abgerissen. Zwischen Medizinischer Klinik und Straße der Freundschaft wurden Häuser trotz Protesten für den nichtrealisierten Bau einer Kaufhalle und eines Großparkplatzes regelrecht „abgeräumt". Hier befindet sich heute das Einkaufszentrum „Dompassage". Bis 1989 entstand auch ein großer Teil der geplanten 875 Wohnungen. Pläne für U IV bis U VII wurden dagegen nie realisiert. Statt wie im U I Plattenelementen der WBS (Wohnungsbauserie) 70 kam ab 1984 die WBR (Wohnungsbaureihe) 83 zum Einsatz.

Etwa ein Drittel der historischen Bausubstanz war zur Wendezeit durch Plattenbauten ersetzt worden. Statt Denkmal- stand allenfalls Fassadenpflege im Mittelpunkt. Am Ende der 1980er Jahre wurde durch die „Obrigkeit" die Notwendigkeit des Abrisses der Marktnordseite und statt Erhalt der Ersatzbau wertvoller Häuser durch Kopien propagiert. Ein Beispiel für die Strategie „Kopie statt Restaurierung" ist das Haus Brüggstraße 5. Dieses Schicksal wurde selbst einem gotischen Haus wie Markt 11 zugedacht, das in zahlreichen Kunstgeschichtsführern zu finden ist. Rückblickend wirkt manches Foto jener Tage je nach Einstellung gespenstisch oder gar seltsam. Auf einer Wahlveranstaltung 1989 vor der freigezogenen Marktnordseite hing ein Plakat mit der Aufschrift „Unsere Stimme der Politik zum Wohl des Volkes und zur Sicherung des Friedens. Unsere Stimme den Kandidaten der Nationalen Front" hinter der Rednertribüne. Widerstand von Bürgern, allgemeine Unzufriedenheit gegen den fortschreitenden Verfall, den Abriss gab es. Sie gehören zu den Voraussetzungen für einen grundlegenden Wandel, der sofort 1989/90 einsetzte. Er kam gerade noch rechtzeitig.

Trotz großer unbebauter Flächen und Ruinen vermittelte Greifswald im Jahr der Wiedervereinigung noch immer den Eindruck einer historischen Stadt. „Das wird eine Puppenstube", meinte dann auch der 1990 von der Partnerstadt Osnabrück nach Greifswald gewechselte Stadtplanungsamtsleiter Volker Bouché vor dieser Kulisse. Nach ersten Schätzungen lag der Sanierungsbedarf für eine Fläche von fast 400 Hektar bei einer Milliarde Mark. Unter den damaligen Umständen kann schon die provisorische Sicherung und damit Rettung von fast 200 Gebäuden als Erfolg gewertet werden. In den ersten Jahren verhinderten Ansprüche von Alteigentümern auf etwa 800 von 1200 Grundstücken des 68 Hektar großen Sanierungsgebietes teilweise schnellere Fortschritte. Dabei waren die Forderungen nach einer schnellen Veränderung allgegenwärtig und es kam „zu einer rasanten, fast überfallartigen Präsenz des anlagebereiten Kapitals", schätzte Volker Bouché rückblickend ein. Nicht alle hochfliegenden Erwartungen der Wendezeit konnten erfüllt werden. Bis heute weist die Greifswalder Altstadtinitiative auf Ärgernisse und Probleme hin. Obwohl schon in einer ersten Schnellinventarisierung 350 Häuser den Denkmalschutzstatus erhielten, wurden nach 1990 weitere wichtige Gebäude der Stadtgeschichte oder Teile davon abgerissen, wie fast der komplette Nordische Hof am Fischmarkt oder der Saal des Preußenhofes an der Baderstraße. Nach Angaben der Altstadtinitiative erfolgte der vollständige Abbruch von etwa 30 Gebäuden mit wertvoller Bausubstanz. Dazu gehörten beispielsweise die Fleischerstraße 17, sowie Schuhhagen 28/29. Teilweise bereiteten Brände den Abriss vor, so von Schuhhagen 3 und Bachstraße 23 - 25. Heute umfasst der Denkmalbestand rund 450 Positionen, inklusive sind 24 Denkmalbereiche. Der Anspruch an die Qualität des Bauens, den Umgang mit der historischen Substanz ist gestiegen.

Um angesichts des Wachstums der Verkaufsflächen am Ortsrand und in den Neubaugebieten überhaupt eine Revitalisierung der Altstadt zu ermöglichen, entstand eine Arbeitsgruppe. Der Ausbau der Fußgängerzone Lange Straße ab 1992, der Bau der Tiefgarage am Markt und der auch wegen des Abrisses weiterer Denkmale umstrittenen Dompassage stärkten die Innenstadt als Standort des Handels.

In Vorstädten wie Fleischervorstadt, Mühlenvorstadt, in Neubaugebieten sowie in Wieck wurde erheblich in Häuser und Umfeld investiert. 2001, zehn Jahre nachdem die Hansestadt in das Städtebauförderprogramm aufgenommen worden war, waren schon 286 Häuser saniert, etwa 700 Millionen Mark dafür ausgegeben worden. 2006 waren es schon 350 Häuser. Es gelang Greifswald, Nutznießer einer ganzen Reihe von Förderprogrammen zu werden. Bis einschließlich 2008 wuchs allein die Summe bewilligter Städtebaufördermittel auf 121 Millionen Euro an. Das Programm „Soziale Stadt" half in besonderem Maße der Fleischervorstadt.

Große neue Einrichtungen wie das Pommersche Landesmuseum und das Alfried Krupp Wissenschaftskolleg entstanden und prägen heute das Zentrum mit. Nicht vergessen werden darf das umfassend sanierte und neu gestaltete Soziokulturelle Zentrum „St. Spiritus". Die Sanierung der alten Hospitalkirche kommt einer Wiederentdeckung gleich. Seit dem Mai 2011 empfängt das neu gestaltete Caspar-David-Friedrich-Zentrum Besucher. Dieser authentische Ort der Erinnerung und Beschäftigung mit dem größten Sohn der Stadt umfasst das Geburtshaus in der Langen Straße und die historische Werkstatt im rückwärtigen Bereich. Ergebnisse der Archäologen und Bauforscher zeigen, dass Greifswald trotz Flächenabriss eine wahre Schatzkammer der Architektur vergangener Jahrhunderte ist. Sie wiesen nach, dass an der Marktostseite schon im 13. Jahrhundert eine ganze Reihe stattlicher Bürgerhäuser stand, dass die Stadt in den Jahrzehnten nach der Stadtrechtsverleihung 1250 boomte und reicher als die Nachbarstadt Stralsund war.

Erwähnt werden muss die Neugestaltung von Straßen und Freiräumen der Altstadt. Dazu gehören nicht nur die Bummelmeile und der 1998/99 ebenso großzügig wie hanseatisch schlicht erneuerte Markt, sondern auch der Nikolai- und Jacobikirchplatz, der

Rubenowplatz, Teile der Wallanlagen und der Innenhof des Universitätshauptgebäudes.

Die Stadt rückt vor allem in jüngster Zeit in Umsetzung schon kurz nach der Wende entwickelter Visionen näher an das Wasser heran. Yachtwerft, Holzteichquartier und Veranstaltungsgelände haben das Nordufer des Flusses bereits erheblich verändert. Ein Prozess, der auf der Südseite des Rycks durch eine Neubebauung zwischen Marienstraße und An den Wurthen fortgesetzt werden soll. Um ihn zu fördern, wurde 2005 das Sanierungsgebiet erweitert. Eine besondere Erfolgsgeschichte mit vorwendischen Wurzeln schrieb in den letzten Jahren der frühere Stadt- und heutige Museumshafen nicht zuletzt dank Bürger-Engagements. 1988 fand die erste Gaffelrigg, das nunmehr alljährliche Treffen alter Schiffe, statt. Ab 1991 wurden historische Arbeitsschiffe der Fischerei- und Frachtfahrt angesiedelt. Die Buchholzwerft, der letzte der ehemals bedeutenden Greifswalder Schiffbauplätze, wurde gerettet und damit das hanseatische Erscheinungsbild der Stadt wiederbelebt. Die Erweiterung und Sanierung des Hafenbeckens 2005 haben sehr zur Anziehungskraft des inzwischen größten deutschen Museumshafens auf Greifswalder und Besucher beigetragen. Die lange umstrittene Fußgängerbrücke über den Fluss ist heute eine Attraktion. Sie verbindet die Gute Stube der Stadt über die neu gestaltete Fußgängerzone Knopfstraße mit dem Nordufer des Ryck.

2011 wird erneut in ein ansprechendes Bild des Museumshafens investiert.

Auch Neubaugebiete der Stadt haben nach der Wende nicht nur dank des Engagements der großen Wohnungsunternehmen profitiert. Programme zur Wohnumfeldverbesserung trugen ebenso dazu bei. In den letzten Jahren halfen das Programm „Soziale Stadt" und der „Stadtumbau Ost" über Abriss, Rückbau und Neugestaltung, die Attraktivität vieler Plattenbauten zu erhöhen. Handel siedelte sich hier quasi wie von selbst an. Neue große Einkaufszentren wie Möwen-, Schönwalde- und Ostseeeinkaufszentrum entstanden. Dazu kamen Stadtteilzentren. Nicht zuletzt schrieben Wieck und sein Hafen eine Erfolgsgeschichte. Die Sanierung und Neugestaltung von Straßen, Plätzen und Uferpromenade ließen dieses Greifswalder Kleinod noch schöner werden.

Eldenas Entwicklung ist dagegen zwiespältig. Nach der Wende wurden weitere Gebäude der bedeutenden Landwirtschaftlichen Schule des 19. Jahrhunderts und des Universitätsgutes abgerissen. Andererseits wurde die Klosterruine gesichert, das Gelände neu gestaltet. Im nächsten Jahr soll auch die sogenannte Klosterscheune saniert werden.

Trotz aller nötigen Kritik, Problemen bei der Entwicklung Eldenas, der Fetten- und Steinbeckervorstadt: Die Bilanz der letzten 20 Jahre ist beeindruckend und das nicht nur innerhalb der historischen Stadtmauern. Greifswald ist heute wieder eine der schönsten deutschen Küstenstädte.

An der Marktnordseite standen im Jahr der Wiedervereinigung nur noch Fassaden. Ihr Abriss wurde Ende der 1980er bereits propagiert, um das Wohnungsbauprogramm der SED leichter erfüllen zu können. Erst im Frühjahr 1990 wurden diese Pläne aufgegeben. Vergangen die Zeiten, als an so bevorzugter Stelle nicht nur das Reisebüro der DDR, sondern auch einer der wenigen – bei den seinerzeitigen Angeboten und Preisen für Textilien – wichtigen Stoffläden hier Waren feilbot.

Heutige Betrachter ahnen kaum, dass es sich bei mehreren der schicken Fassaden um Kopien handelt. Dazu gehören die Häuser Markt 4 und 5. Lediglich die alten Eisenanker, die die Jahreszahl 1724 darstellen, wurden bei dem Gebäude mit dem Stern als Windfahne wieder verwendet.

Bauhistoriker haben nach der Wende herausgefunden, dass an der Marktostseite schon am Ende des 13. Jahrhunderts eine Reihe stattlicher Giebelhäuser stand. Sichtbare Zeugnisse dieses ungeheuren Baubooms kurz nach der Stadtgründung sind die Häuser Markt 11 und 13. Sie wären – ohne das Ende der DDR – höchstwahrscheinlich durch Kopien wie in der Brüggstraße 5 ersetzt worden. In dem hier gezeigten, um 1290 gebauten Haus Markt 13 befand sich lange Zeit ein Imbiss. Nach der Sanierung durch den Osnabrücker Architekten Werner Hülsmeier ist das Gebäude nun Gaststättensitz.

15

In das Greifswalder Rathaus wurde auch in der DDR einiges investiert. Es stammt aus der Zeit um 1330/40, die jetzige äußere Gestalt wird durch den Wiederaufbau nach dem Nordischen Krieg geprägt. 1713 war der Verwaltungssitz ausgebrannt. Bei der umfassenden Sanierung für acht Millionen Mark im Vorfeld der 750-Jahr-Feier 2000 erhielt das Rathaus 1998 den jetzigen ochsenblutfarbenen Anstrich.

Gelernte DDR-Bürger erinnern sich an historische Nutzungen der Südseite des Fischmarktes wie Ratscafé und Kaufhaus „Magnet" der DDR-Handelsorganisation HO (jetzt Optiker und Buchhandlung Weiland). Dank der Übernahme des 1901/02 im Auftrag von Franz Abb an Stelle der Hauptwache errichteten Konsumtempels durch die Buchhändler konnte eine ungebrochene Handelstradition fortgesetzt werden. Die folgen-

den Häuser haben ebenfalls eine große Geschichte. So wurde Markt 24 von dem bedeutenden Universitätsbaumeister Gustav Emil Benedictus Müller (der unter anderem einige Medizinbauten an der Loefflerstraße entwarf) errichtet. Das monumentale Haus Markt 25 (Weißenbornsches Haus) stammt aus den frühen 1340er Jahren, die Fassade allerdings erst von einer Umgestaltung des Jahres 1861.

Die Ruine des Vorderhauses der Kammerlichtspiele hat noch bis zum Beginn dieses Jahrtausends die Knopfstraße „geziert". Nach der Schließung des Kinos wegen Baufälligkeit im Jahre 1987 war noch vor der Wende der Saal abgerissen worden. Eigentlich sahen die Pläne für das Umgestaltungsgebiet I die Erhaltung der Kammerlichtspiele vor.

Die Einweihung eines neuen Wohn- und Geschäftshauses konnte erst 2009 gefeiert werden. Den Eingang ließen die Bauherren mit dem Vorgängerbau nachempfundenden Stuck schmücken. Zwei Jahre zuvor war die Knopfstraße in eine Fußgängerzone verwandelt worden. 2011 wird hier auch die letzte durch den Abriss der Kammerlichtspiele entstandene Lücke geschlossen.

Schmuck wirkt es heute wieder, das Haus der 1925 von dem Hauptstädter Otto Heyden gegründeten Ersten Berliner Dampfbäckerei im Schuhhagen. Allerdings blieben bei der Sanierung des Gebäudes nur zwei Außenmauern stehen. Denkmalpfleger und Altstadtinitiative kritisierten diese Art der Erneuerung daher als reine Fassadenpflege.

Nach der Reformation wurden am Marienkirchplatz Buden errichtet, in denen Angestellte der Pfarrei, aber auch Arme und Alte lebten. Von dem um 1600 entstandene Gebäudeensemble blieben die nach der Wende sanierten Häuser Marienkirchplatz 1/2 sowie das Eckhaus Brüggstraße, das „Hexenhäuschen" erhalten (unser Bild). Es ist das Totengräberhaus von St. Marien. Diese Nutzung ist bis in das 19. Jahrhundert nachweisbar.
Alle Kirchenbuden wurden nach der Wende saniert.

Schon durch ihren Architekten Johann Gottfried Quistorp, den ersten Lehrer Caspar David Friedrichs, wird die heutige Gemäldegalerie des Pommerschen Landesmuseums geadelt. Ursprünglich war der in den 1790er Jahren auf dem Gelände der abgerissenen Kirche des Franziskanerklosters errichtete Bau die Stadtschule. Zu DDR-Zeiten wurde das Gebäude zuletzt als Kindergarten genutzt. Nach Umbau erfolgte 2000 die Einweihung der Gemäldegalerie.

Von der Bebauung auf der Ostseite der Rakower Straße war am Ende der DDR nichts mehr übrig. Sogar das gotische Haus Nr. 10 war dem Abrissbagger zum Opfer gefallen. Nach der Wende boten Marktleute hier ihre Waren feil. Das Bild des Platzes hat sich durch den Aufbau des Pommerschen Landesmuseums über eine 1996 gegründete Stiftung grundlegend geändert. 2005 wurde die gesamte, aus sechs Häusern und vier Außenanlagen bestehende Einrichtung eröffnet. Einbezogen wurde das „Graue Kloster", im Bild hinten. Der Name erinnert an die graue Tracht der Franziskanermönche, die bis zur Reformation Hausherren des Geländes waren. 1845 eröffnet, war das Graue Kloster seinerzeit eines der modernsten Armen- und Altenheime der Region.
Der Um- und Ausbau des Landesmuseums nach Plänen von Gregor Sunder-Plassmann wurde 2007 mit einem Landesbaupreis ausgezeichnet.

Seit 2008 vervollständigt der neue Rakower Hof (rechts) wieder die Bebauung der Mühlenstraße und grenzt so das Gelände des Landesmuseums vom Markt ab.

Die Mühlenstraße schlief zu DDR-Zeiten einen Dornröschenschlaf. Inzwischen ist ein großer Teil der Häuser saniert, wurden die meisten Baulücken geschlossen. Zwischen Markt und Brüggstraße entstand bis zur Jahrtausendwende wieder eine geschlossene Bebauung mit Wohn- und Geschäftshäusern sowie einem Hotel. Inklusive waren Sanierung und teilweiser Umbau der Häuser Markt 11 bis 14.

Die ältesten Teile des Speichers Ecke Mühlenstraße/Kuhstraße stammen aus dem 16. Jahrhundert. Das Fachwerkgebäude ist eines der ältesten seiner Art im ganzen Ostseeraum. Nach langem Verfall wurde der Speicher ansprechend und unter Schonung der überlieferten Substanz saniert. Ein Teil des Hauses der „Musikfabrik" dient noch heute dem ursprünglichen Zweck. Der Speicher Kuhstraße ist nicht der einzige, der nach der Wende über eine neue Nutzung gerettet werden konnte. Geradezu prägend sind solche Lagerräume in der Hunnenstraße.

Der Speicher an der Baderstraße entstand schon in der zweiten Hälfte des 16. Jahrhunderts. 1588 wird er erstmals als „Büchsenhaus" der Stadt erwähnt. 1707 ist in der Schwedenmatrikel von einem Stadtzeughaus die Rede, in dem schweres Material wie Geschütze und Munition verwahrt wurden. Zu Beginn des 19. Jahrhunderts ging das Gebäude in den Besitz der Greifswalder Kaufleutefamilie Weißenborn (Stadthaus Markt 25) über und diente der Lagerhaltung, Teile zeitweise auch als Pferdestall. Sicherungsmaßnahmen 1993 stoppten den Verfall des stets den Weißenbornschen Erben gehörenden Hauses. 1995 erwarben die Architekten Sabine Milenz, Jörg Frank und Mike Rabenseifner das Gebäude. Drei Jahre später war die Sanierung zum Bürohaus abgeschlossen. Im Inneren lässt sich die historische Nutzung und Struktur nachvollziehen.

Die Farbgestaltung der Fassade orientiert sich an historischen Befunden des 17. Jahrhunderts.

Heute verbindet sich mit dem Eckhaus Baderstraße 1 der Superlativ „ältester Fachwerkbau Mecklenburg-Vorpommerns" dank des erhaltenen Hausgerüstes aus der Zeit um 1444. Die Sanierung der wegen mangelnder Instandhaltung stark verfallenen „Alten Apotheke" war gewissermaßen eine Draufgabe zum Bau des 2002 eingeweihten Alfried Krupp Wissenschaftskollegs auf dem Grundstück Lappstraße/Martin-Luther-Straße. Die Investition, die Greifswalds Bedeutung als Wissenschafts- und Kulturstandort deutlich aufwertete, gehört zu den zahlreichen Zeugnissen der Großzügigkeit von Berthold Beitz, dem Vorsitzenden der Krupp Stiftung. Er besuchte in Greifswald das Gymnasium. Der Komplex der Krupp Stiftung erhielt 2004 eine Belobigung im Wettbewerb um den Landesbaupreis.
Dank der behutsamen Instandsetzung gehört die „Alte Apotheke" heute zu den detailreichsten historischen Häusern Greifswalds.

Die Lappstraße wurde zu Kaisers Zeiten wegen des „Breiten Steins" in der Mitte Duellgasse genannt. Wenn ein Student dem anderen nicht auswich, war der Zweikampf vorprogrammiert. Im Vorfeld des Honecker-Besuches zur Domeinweihung 1989 wurden die holprigen Platten trotz Protestes gegen fußgängerfreundlichere getauscht.

Einige Jahre vorher musste schon die historische Bebauung Richtung Lutherstraße einer Wurstfabrik (im Bild links hinten zu sehen) weichen.

Während an der Nordseite bis heute nach dem Abriss eine Baulücke klafft, wurde mit dem Neubau des Kruppkollegs an der anderen Seite die Lücke wieder geschlossen. Die Lappstraße wurde neu gestaltet.

Die Domburg, eine der traditionsreichsten Greifswalder Gaststätten, stand bei der Wiedereinweihung des Domes im Juni 1989 durch Erich Honecker schon 26 Jahre leer. Längst vergangen waren die Zeiten, als hier die Domburgritter tagten und Studenten zechten. Nicht nur dem Staats- und Parteichef wurde die baldige Rekonstruktion vorgegaukelt. „Denkmal der Baukunst. Rekonstruktion nach 1990. Rechtsträger VEB Gebäudewirtschaft Greifswald" verhieß ein Schild. Nach diversen Rückführungsansprüchen und Interessenten, die dann doch nicht kauften, gelang 2001 endlich die Privatisierung, und 2002 wurde die neue Domburg eröffnet. Historisch betrachtet war die Domstraße 21 Wohnsitz von Uniprominenz. Bauherr des 1722 errichteten Hauses war der Geschichtsprofessor Albert Georg Schwartz. In dem Gebäude hielt der prominenteste Bewohner, der Rektor der 300-Jahr-Feier Johann Carl Dähnert, wahrscheinlich Vorlesungen.

Erst 1972 war der Putz des barocken Universitätshauptgebäudes rot gestrichen worden. Auch die Kopie des pommerschen Wappens auf der Südseite, die hier zu sehen ist, stammt aus diesem Jahr. Nach der Renovierung aus Anlass der 525-Jahr-Feier 1981 rückten vorbereitend zur 550-Jahr-Feier 2006 wieder die Bauleute an. Nun entschieden sich die Verantwortlichen im Rahmen einer umfassenden Sanierung für eine graue Farbgebung. Auch der inzwischen „verwilderte" Innenhof wurde neu gestaltet.
Erste Planungen, die sich am barocken Hauptgebäude orientierten, wurden zugunsten eines modernen Platzes mit Pflaster und Bäumen verworfen.

Auch die Architekten der sozialistischen Modellstadt Greifswald bemühten sich um bauliche Akzente und neue Lösungen mit den zur Verfügung stehenden bescheidenen architektonischen Mitteln. Dazu gehörte eine Passage von der damaligen Straße der Freundschaft (heute wieder Lange Straße) zum Rubenowplatz. Die Idee wurde nicht verwirklicht. Nach der Wende erwarb die Universität den unvollendeten Plattenbau. Die Hochschule richtete in der baulichen Hülle das Institut für Theologie ein, das sich zuvor im Hauptgebäude befand. Benannt wurde es nach dem Neutestamentler Ernst Lohmeyer, dem designierten Rektor der Wiedereröffnung 1946. Ein sowjetisches Militärtribunal verurteilte ihn zum Tode. 1996 wurde Lohmeyer rehabilitiert.

46

Nachdem 1849 nach Inkrafttreten eines neuen Gerichtsverfassungsgesetzes ein Criminalgericht (später Strafgericht) in Greifswald eingerichtet wurde, folgte 1857 bis 1860 der Ausbau des städtischen Gefängnisses zur Haftanstalt. In dem Gebäude neben dem etwa gleichzeitig errichteten Schwurgerichtsgebäude Domstraße 7 saß als wohl prominentester Täter Rudolf Ditzen alias Hans Fallada, der 1893 in Greifswald als Sohn eines preußischen Landrichters geboren wurde.
Nach der Wende wurde Greifswald als Ort der Rechtsprechung aufgewertet, das Gefängnis aber aufgegeben und die Gebäude abgerissen.

Die historischen Häuser Domstraße 59 bis 64 wurden nach 1832 auf dem früheren Zimmermannsplatz gebaut. Abgerissene Gebäude wurden gemäß den Auflagen der städtischen Denkmalschützer in Anlehnung an das historische Äußere (Nr. 59 und 62) bzw. wenigstens in dieser Gestalt (63 und 64) wiedererrichtet. Dieser gepflasterte Teil der Domstraße vermittelt bis heute dank der kleinen Häusern mit Gauben einen Eindruck des alten Greifswalder Handwerkerviertels mit unter dem Dach befindlichen Studentenbuden. Eigentümer nutzten nicht immer das Vorderhaus. So lebten im Vorgänger der Nummer 62 zeitweise sechs Mietparteien, Studenten und Alleinstehende. Der Eigentümer wohnte im Hofgebäude.

1976 fiel die Bebauung der Hirtenstraße dem Abrissbagger zum Opfer. Ende des 17. Jahrhunderts hatte der Rat ärmeren Bürgern gestattet, Buden zu errichten, die sich an die Stadtmauer anlehnten. Die malerische Häuserzeile gab es damit schon zur Wende nicht mehr. Verloren war auch ein Stück mittelalterlicher Stadtmauer. 1992 untersuchten fünf Architekturbüros, wie Wall und Altstadt durch eine Neubebauung wieder voneinander abgegrenzt werden könnten. Zwei Jahre später begann die Umsetzung des ausgewählten Entwurfs. Das „Wohnen in der Mauer" wurde in der Folge mehrfach ausgezeichnet.

Nach der endgültigen Schließung der Saline 1869 wollte Greifswald die heilkräftige Sole anders nutzen und Kurstadt werden. 1881/82 wurde das Sol- und Moorbad gebaut. Der Erfolg war nicht sonderlich groß.
Zu DDR-Zeiten war das Gebäude Clubhaus der Eisenbahner, das eigentliche Bad war als

Warmbad eine gute Adresse für alle, die so eine Hygieneeinrichtung nicht ihr Eigen nannten, und das waren viele Bewohner der Innenstadt.
Nach Sanierung ist das Haus heute Heimat des Amtsgerichtes Greifswald und des Finanzgerichtes Mecklenburg-Vorpommern.

In den letzten Jahren der DDR leisteten die Abrissbagger ganze Arbeit. Nicht einmal vor der Langen Straße machten sie halt. So prägen heute auch Neubauten den inzwischen zur Fußgängerzone aufgewerteten westlichen Teil der zentralen Erschließungsachse des Zentrums bis zur Kapaunenstraße.
Die rechts zu sehende Gedenktafel für die erste Aufführung von Christian Morgensterns „Ecce Civis" wurde 2002 am Nachfolge-Plattenbau angebracht.

57

Im Zuge des Flächenabrisses Ende der 1980er Jahre wurden die Häuser zwischen den Kliniken in der Loefflerstraße und der damaligen Straße der Freundschaft regelrecht abgeräumt. Eine Kaufhalle und ein Großparkplatz sollten entstehen. Nach der Wende wurden hier wenigstens umfassende archäologische Untersuchungen durchgeführt, die zuvor nicht erfolgt waren. Mit der Dompassage entstand ein großes innerstädtisches Einkaufszentrum inklusive Kino. Dass dafür an der nun wieder Lange Straße genannten Fußgängerzone zwei Denkmale abgerissen wurden, führte zu Protesten nicht nur der Altstadtinitiative.

Dass sich in dem Gebäude der Lange Straße 51 die Kirche des 1262 erstmals erwähnten Heilgeistspitals befand, wurde den meisten Greifswaldern erst durch die von 2001 bis 2004 laufende Sanierung bewusst. Die Bauhistoriker konnten nachweisen, dass das Dachwerk der Hospitalhalle schon um 1296 aufgesetzt wurde. Damit könnte die Heilgeistkirche der erste vollendete Backstein-Sakralbau der Hansestadt sein. Im späten 14. Jahrhundert befand sich hier eine Kupfergießerei, nach Umbauten diente die Kirche in ihrer weiteren Geschichte als Wohn- und Geschäftshaus. Ältere Greifswalder werden sich noch an die Bäckerei und den Klempner erinnern, die noch in den 1970ern hier ihre Dienste anboten. Das dringend sanierungsdürftige Gebäude wurde 1989 entkernt, der Seitenflügel zur Caspar-David-Friedrich-Straße abgebrochen. Seit der Sanierung wird die einstige Kirche nach 25 Jahren Leerstand vom Soziokulturellen Zentrum St. Spiritus genutzt.

Der Innenhof von St. Spiritus mit dem Blick auf den Dom war schon zu DDR-Zeiten ein Geheimtipp der Stadtführer. Ein schöner Ort für Konzerte. Mit schmuck sanierten Häusern des 17. Jahrhunderts und neu gestaltetem Umfeld wurde das Kleinod weiter aufgewertet. Die kleinen Gebäude wurden passend zum gesamten Gelände gelb gestrichen.

Der Bauernmarkt an der Ecke Lange Straße/Fischstraße war, modern gesprochen, ein recht beliebtes Fastfood-Mekka mit Ausschank. Auch so mancher Student „zischte" hier ein Mittagsbier. Die Budenkultur der DDR wich einem modernen Wohn- und Geschäftshaus, das den Fischmarkt mit prägt. Die Neugestaltung dieses Bereichs, die Aufstellung von Teilen des von Jo Jastram ursprünglich für den „großen Markt" vorgesehenen Fischerbrunnens im Jahre 1998 veränderten das Areal völlig.

Die Häuser in der Johann-Sebastian-Bach-Straße im Abschnitt zwischen Markt und Friedrich-Loeffler-Straße hatten den Flächenabriss im Zentrum überstanden. Zur Sanierung kam es in dem in diesem Abschnitt gezeigten Bereich trotzdem nicht. Nach einem Brand wurden die Gebäude schließlich abgerissen und durch Neubauten ersetzt.

Das Eckhaus Bachstraße/Loefflerstraße schrieb und schreibt nicht nur hansestädtische Zeitungsgeschichte als Sitz der Greifswalder Zeitung und der Ostsee-Zeitung, die das Gebäude nach der Wende ansprechend sanieren ließ. Anfang des 19. Jahrhunderts gehörte das 1768/69 in der jetzigen Form entstandene Haus dem letzten Präsidenten des obersten Gerichtes der Schweden für ihre Besitzungen im Heiligen Römischen Reich deutscher Nation, Nils Bark, und war von 1813 bis 1834 Gerichtssitz. Die Geschichte als Zeitungshaus begann mit Julius Abel Mitte des 19. Jahrhunderts. Die Zeit des Zeitungsdrucks (im anschließenden Gebäude an der Loefflerstraße) ging nach der Wende zu Ende.

Der über 200 Jahre alte Kornspeicher der reichen Kaufleutefamilie Vahl steht auf neun mittelalterlichen Hausstellen. Zu literarischen Ehren kam das Lagerhaus durch den Schriftsteller Georg Engel. 1998 wurde der gewaltige Speicher zum studentischen Wohnhaus umgebaut. Mit einem weiteren ebenfalls nach der Wende sanierten, zwei Jahrhunderte alten Lagerhaus prägt er die malerische Hunnenstraße mit Blick zum Dom.

Spätestens seit dem 18. Jahrhundert befand sich hier, am Steinbecker Tor, eine Gaststätte. Die traditionsreiche „Sonne" zählte zu den letzten alten Häusern des historischen Hafenviertels und war 1990 noch vergleichsweise gepflegt, aber schon vom Abbruch bedroht. Zu DDR-Zeiten war das Haus auch wegen eines reich mit Schnitzereien verzierten Tisches bekannt. Er stammte aus der wohl berühmtesten Greifswalder Studentenkneipe, der „Falle" in der Fischstraße. Auch deren Haus fiel dem Abrissbagger zum Opfer.

Nach 15 Jahren Leerstand und zunehmendem Verfall öffnete sie 2006 wieder ihre Türen für Gäste. Viel Geld war zuvor schon in Sicherungsmaßnahmen geflossen. Trotzdem ging der Verfall weiter, vom alten Gebäude blieben nur der Nordgiebel und die Fassade an der Steinbeckerstraße.

Zu DDR-Zeiten war der heutige Museumshafen noch ein Umschlagplatz für Güter. Diese jahrhundertealte Geschichte als Wirtschaftshafen ging nach 1990 zu Ende. Zum Stadthafen wurde der ehemalige Ölhafen der Volksmarine in Ladebow. Die Stadt übergab dem 1991 gegründeten Museumshafenverein die Südseite zur Nutzung. Die Mitglieder haben sehr viel für die Umgestaltung zur Flaniermeile geleistet.
2005 erfolgte die Erweiterung und Sanierung des Hafenbeckens. Die Fußgängerbrücke über den Ryck wurde gebaut. Mit über 40 Schiffen verfügt Greifswald über den größten deutschen Museumshafen. Die Nordseite des Rycks ist heute ein sehr beliebter Freizeitort.

74

Der Fangenturm wurde durch den Bau des Hanserings in den 1970er Jahren gewissermaßen vom historischen Zentrum getrennt. Der im 18. Jahrhundert auch als Sternwarte der Universität genutzte, knapp 14 Meter hohe Backsteinbau stammt zum größten Teil noch aus dem 13. Jahrhundert. 1264 hatte Greifswald das Recht zum Bau einer Stadtmauer erhalten. Zu den erhaltenen Teilen gehört der Fangenturm, der nach Sanierung heute das Hafenmeisterbüro des Museumshafenvereins beherbergt. Auch die Uferbefestigung wurde nach der Wende erneuert.

76

Als Teil des ersten Umgestaltungsgebietes der Innenstadt wurden die beiden nördlichen Quartiere Richtung Hansering vollständig abgerissen. Nur ein kleiner Rest der alten Hafen-Industrie blieb zunächst stehen. In dem erst nach der Wende abgerissenen Fischverarbeitungs-Betrieb wurden Sild-Röllchen hergestellt. Seit der Wiedervereinigung ist eine Neubebauung der sogenannten A-Quartiere ein erklärtes Ziel. Schon 1993 lief dazu ein internationaler Wettbewerb. Zeugnis der daraus resultierenden ersten Investitionen sind diese Wohn- und Geschäftshäuser, die hanseatische Baumotive zitieren.

Der 1906 geborene Wolfgang Koeppen ist einer der wichtigsten Schriftsteller der Moderne. Seine Heimatstadt Greifswald hat er gehasst und kam dennoch nicht von ihr los. Sein 1846 errichtetes Geburtshaus in der Bahnhofstraße war verfallen, bei der Sanierung zeigte sich, dass große Teile der historischen Substanz nicht mehr zu retten waren. Dass es das Haus überhaupt noch gibt, ist nicht zuletzt Günter Grass zu verdanken. Er ergriff die Initiative für die 2000 unterzeichnete Vereinbarung von Bund, Land, Stadt, Universität und ihm, in der Bahnhofstraße 4/5 das Literaturhaus Vorpommern einzurichten. Koeppenhaus, Koeppenarchiv und Literaturzentrum Vorpommern sind nun hier beheimatet und überregional bedeutsamer Teil der beeindruckenden Greifswalder Kulturlandschaft.

In Greifswald haben nicht nur viele Schriftsteller mehr oder weniger lange gelebt. Die Stadt ist auch Geburtsort der bedeutenden Barockdichterin Sybilla Schwarz, Wolfgang Koeppens und Hans Falladas. Rudolf Ditzen, wie der Sohn des Richters Wilhelm Ditzen bei der Taufe hieß, wurde 1893 in der Steinstraße geboren.

Vom Ende der 1980er Jahre bis 1995 wohnten Studenten im Fallada-Haus. Der Bauunternehmer Klaus Michel ließ das verfallene Gebäude sanieren und überließ es 2003 der Pommerschen Literaturgesellschaft zur Nutzung. Diese veranstaltet alljährlich auch ein Falladafest und lädt zu Veranstaltungen ein. Ein originelles Ausstattungsstück der kleinen Ausstellung ist die Tür der Zelle, in der der junge Rudolf Ditzen saß. Prof. Gunnar Müller-Waldeck und Dr. Roland Ulrich retteten sie während der Arbeiten für den Abriss des Gefängnisses.

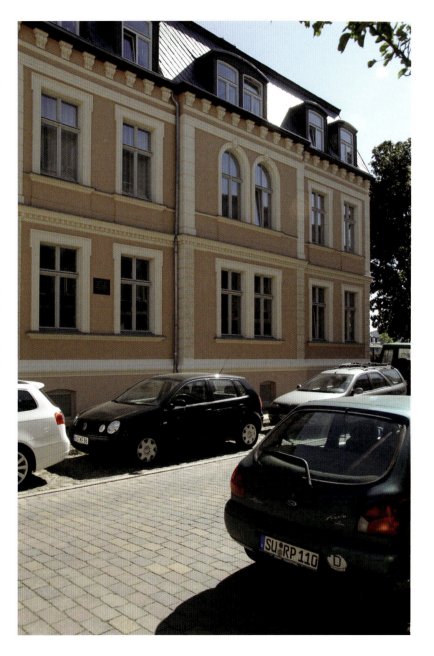

82

Am 10. Dezember 1914 wurde die die nach Plänen der Berliner Architekten Iwan und Threde errichtete Stadthalle eröffnet. In der DDR war sie Kreiskulturhaus. Das Gebäude, mit dem sehr viele Erinnerungen der Greifswalder verbunden sind, stand nach der Schließung etwa zwei Jahrzehnte leer. Seit 1992 ist wieder die Stadt Eigentümer. Ende 2009 konnte die Stadthalle nach millionenschwerer Sanierung inklusive Umfeldgestaltung feierlich wiedereröffnet werden.

Mit der damals Kreiskulturhaus genannten Stadthalle verbinden sich für viele Greifswalder auch die Erinnerungen an närrische Tage. 1972 bis 1989 veranstaltete hier der Faschingsclub Kernenergie Greifswald sehr gefragte Feten. Nach Schließung des Hauses fanden Faschingsveranstaltungen an verschiedenen Orten in und um Greifswald statt, zuletzt in der „Schwedenschanze" in Weitenhagen.

2008 erinnerte ein Siebziger-Jahre-Fasching an die tollen Tage im Kreiskulturhaus. Unser Foto rechts entstand beim Programm des Western-Faschings.

Jetzt sind die Narren in die Stadthalle zurückgekehrt.

An die 1841 von Gustav Labahn gegründete und von Karl und Julius Kessler weitergeführte Fabrik im Bereich der Vulkan-/Brinkstraße erinnert nur noch wenig. Die Halle, in der Waggons gebaut wurden, war viele Jahre eine Ruine.
2009/10 wurde aus dem denkmalgeschützten Backsteinbau ein beliebter Wohnstandort.

Baracken prägten noch vor 20 Jahren das Bild zwischen Pappelallee und Friedrich-Ludwig-Jahn-Straße. Das Lager der Spowa (Sportwaren) wurde nicht mehr benötigt und bald Opfer von Rowdys.

Heute ziert eine Perlenschnur neuer wissenschaftlicher Einrichtungen den generalüberholten Fußgänger- und Fahrradweg zwischen dem neuen Biotechnikum und dem Berthold-Beitz-Platz. Hier auf dem Foto sind die Institute für Physik und Biochemie zu sehen. In diesem Bereich sollen langfristig alle Institute der Mathematisch-naturwissenschaftlichen Fakultät konzentriert werden.

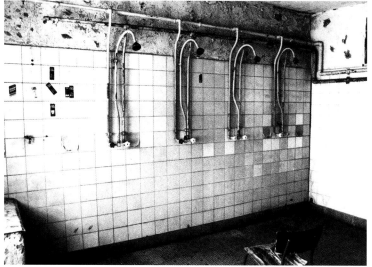

Der ab 1953 errichtete Wohnheimkomplex Fleischerwiese sollte eigentlich nur wenige Jahre Bestand haben. Anlässlich der 500-Jahr-Feier 1956 mit „Sauerkrautplatten" aufgewertet überstanden die Holzbaracken - wegen des kameradschaftlichen und freizügigen Lebens geschätzte Studentenherbergen - sogar die Wende. 1994 brannte Heim V, der Abriss folgte drei Jahre später.

Die wenigen Duschen des historischen Komplexes in einer Baracke auf dem Hof spendeten nicht immer warmes Wasser. Die Wohnungen wurden mit Briketts beheizt. Im Hintergrund des Bildes links ist eine ökologische Katastrophe zu sehen. In Dampflokomotiven wurde mit Braunkohle an der Verlängerten Scharnhorststraße in den letzten Jahren der DDR Energie erzeugt. Heute befindet sich hier eine Thermoinsel.

Das Studentenwerk ließ später eine Reihe moderner Wohnheime errichten.

Die Errichtung der Müllkippe ausgerechnet an der Salinenstraße war aus Umweltschutzsicht eine sehr fragwürdige Entscheidung. Optisch verschandelte sie den „Caspar-David-Friedrich-Blick". Dr. Ursula Müller, Umweltamtsleiterin nach der Wende, bezeichnete es daher als vorrangiges Ziel der Sanierung eben diese Ansicht wiederherzustellen: Die Silhouette der Stadt mit weidenden Tieren davor.

Noch Anfang der 1990er Jahre galt die Fleischervorstadt, die weitgehend vom Flächenabriss verschont geblieben war, als „Nachtjackenviertel". Das hat sich grundlegend gewandelt. Mit Hilfe von Fördermitteln zur Stadtsanierung und des Programms Soziale Stadt konnten Straßen neu gestaltet und Häuser saniert werden. Viele Lücken wurden durch Neubauten geschlossen.

Schon 2004 resümierte Stadtplanungsamtsleiter Volker Bouché: Die Fleischervorstadt hat sich so entwickelt, dass sich jetzt Investitionen in die nicht gerade kleinen Häuser lohnen. Gebaut wurde aber auch neu wie hier an der Ecke Gützkower-/Scharnhorstraße. Mit einem weiteren Geschoss nutzte der Bauherr das Grundstück wirtschaftlicher, zugleich wurde die Ecke deutlicher betont.

Als ab 2001 das denkmalgeschützte Speicher-Ensemble der Kaiserzeit über einen Bebauungsplan saniert wurde, standen diese Zeugnisse gewerblichen Bauens an der Gützkower Landstraße schon viele Jahre leer.

Das zugehörige Kontorhaus von 1916 ist inzwischen ein Geschäftshaus. In den Speichern befinden sich heute Wohnungen, daneben wurden Reihenhäuser errichtet.

Das Nordufer des Ryck hat sich nach der Wende außerordentlich verändert. Nicht nur Yachtwerft, Marina, die Museumswerft sowie die Festspielstätte prägen das Bild. Das Holzteichquartier setzt interessante Akzente. 1997 war hier nach einem Archtitektenwettbewerb Baustart. Zum Ziel wurde die Entstehung einer lebendigen und vielschichtigen Freizeit-Hafenlandschaft erklärt. Die farbigen Häuser im skandinavischen Stil wurden zu beliebten Fotomotiven.

Der Ende der 1970er Jahre gestaltete Platz vor der Sporthalle am Ernst-Thälmann-Ring in Schönwalde I ist Zeugnis der Bemühungen, die neuen Plattenbaugebiete aufzuwerten. Dazu gehört Heinrich Zenichowskis Sportlersäule, die dieses Jahr ihren 30. Geburtstag feiert. Knapp 400.000 Euro wurden 2004 in die umstrittene Neugestaltung des Platzes investiert. Statt eines Brunnens gibt es nun ein ebenerdiges Rondell. Stelen wurden aufgestellt und Bäume gepflanzt. Schönwalde I war ab 1993 der erste Profiteur des Förderprogramms zur Wohnumfeldverbesserung in Greifswald.

Ökologisch war die Versorgung vieler Greifswalder Wohnungen, namentlich der Plattenbaugebiete, mit Wärme und Warmwasser über eine Fernwärmetrasse entlang der Eisenbahnstrecke Lubmin-Greifswald ab 1981 ein echter Gewinn. Genutzt wurde die bei der Stromerzeugung des Kernkraftwerkes „Nord" anfallende Wärme, die in das bestehende Fernwärmenetz eingespeist wurde. Die großteils oberirdisch verlaufende Trasse – wie hier an der Kreuzung Liebknechtring/Anklamer Straße – war aber optisch eine Katastrophe.

Rund 70 Prozent der Greifswalder Haushalte werden heute durch in aller Regel unterirdische Leitungen mit Fernwärme versorgt. Die Wohnungsgesellschaften ließen zudem auch Fassaden der Neubauten besser dämmen, sanierten sie inklusive erneuerter Fassaden.

Die 2009 aufgestellten Bänke des Wiecker Künstlers Heinrich Zenichowski sind die neuesten Hingucker auf dem bereits sehr ansprechend gestalteten Innenhof Gedserring. Dargestellt wird die Geschichte vom „Fischer und sin Fru". Das Meerestier erhielt die Gestalt einer Nixe, die hier den grämlichen Fischer anschaut. Auftraggeber war die Wohnungsbaugenossenschaft Greifswald. Die beiden Bänke sind Teil eines Skulpturenpfades, zu dem schon der „Taubenmann" an der Karl-Krull-Straße gehört. Das Ostseeviertel Parkseite ist ein gutes Beispiel für die Aufwertung der Plattenbaugebiete. 1994 wurde es in Programm zur Wohnumfeldverbesserung aufgenommen. Der Innenhof Gedserring war ein Nutznießer.

Am Ende der Wiecker Promenade steht schon seit 1898 eine Gaststätte „Utkiek". Damals verstellten noch die Badehütten eines Strandbades den Ausblick auf das Wasser. Es gab auch noch keinen Deich, der den Ort, aber nicht das Ausflugslokal schützte. Der wurde erst 1964 gebaut. Die Bummelmeile Richtung Dänische Wiek wurde 1995 umgestaltet. Der jetzige „Utkiek" in Form eines Schiffsrumpfes mit Aussichtsturm konnte zwei Jahre später eingeweiht werden. Die Gaststätte wird auch nach dem gegenwärtig laufenden Bau eines Sperrwerks im Ryck im Überflutungsbereich liegen. Allerdings gibt es sehr selten „Land unter".

An der Wende vom 19. zum 20. Jahrhundert war die Gaststätte der Familie Jakobs in Wieck wohl das populärste Ausflugslokal für die Greifswalder. Den im Garten servierten Bratbarsch priesen Zeitgenossen in Zeitungen und Büchern. Mit dieser Herrlichkeit war es am Ende der DDR-Zeit längst vorbei. Viele werden sich noch an den Friseurladen erinnern. Auch das Gebäude gibt es nicht mehr. Im hinteren Teil stand eine von den Wiecker Fischern genutzte Baracke mit Becken, Winde und Lore für den Transport. Die Aufnahmen des Innern entstanden Anfang der 1990er Jahre. Neben der Brücke Richtung Mole stehen heute vor allem exklusive Wohnungen. Die Fischer nutzen nur noch das Eldenaer Ufer, das völlig neu gestaltet wurde.

Die 1533 erstmals erwähnte einstige Bockwindmühle des Klosters Eldena war bis 1931/32 in Betrieb. Das Denkmal brach im Juni 1974 zusammen. Bis 1997 erinnerte nur noch der Mühlenbock an das Bauwerk. Ein privater Verein ergriff 1994 die Initiative für den Wiederaufbau an historischer Stelle. Drei Jahre später begannen die Arbeiten für den Bau einer funktionstüchtigen neuen Mühle. Seit 2002 hat sie auch ihre Flügel wieder.

Wir, das heißt die Autoren, haben nicht mehr wirklich wahrgenommen, wie schlimm die jahrzehntelange Vernachlässigung unserer Stadt zugesetzt hatte. Dabei hätten manchmal ein paar Dachziegel gereicht, um den Verfall aufzuhalten, mehr Häuser in eine andere Zeit hinüberzuretten. So wie es in anderen, keineswegs wohlhabenderen Ländern des Rates für Gegenseitige Wirtschaftshilfe geschah. Die aktuellen Bilder einer weit fortgeschrittenen Sanierung haben auch in unseren Köpfen alte Bilder von Ruinen und Freiflächen verdrängt. Sie sind für viele Bereiche nicht einmal mehr ohne weiteres als Fotos nacherlebbar. Wer fotografiert gern die Dreck- und nicht die schönen Ecken? Darum freuen sich die Autoren, dass uns Greifswalder halfen, die kleinen Lücken im umfangreichen Archiv von Peter Binder, der seit Jahrzehnten mit seiner Kamera die Stadtentwicklung verfolgt, zu schließen. Wir danken Dr. Gernoth Krüger, Christian Kruse, Torsten Rütz, Eberhard Ziele sowie der Universitäts- und Hansestadt Greifswald und dem Faschingsclub Kernenergie Greifswald, die historische Bilder zur Verfügung stellten. Dank schulden wir auch Thilo Kaiser, Torsten Rütz und Felix Schönrock für Hinweise zum Text.